불교 예절 입문

손안의 불서 5
불교 예절 입문

지은이 일타큰스님
엮은이 김현준
펴낸이 김연지
펴낸곳 효림출판사

초 판 1쇄 펴낸날 2022년   5월   8일
       2쇄 펴낸날 2022년 12월 12일

등록일 1992년 1월 13일 (제2-1305호)
주 소 서울특별시 서초구 반포대로14길 30, 907호 (서초동, 센츄리I)
전 화 02-582-6612, 587-6612
팩 스 02-586-9078
이메일 hyorim@nate.com

값 3,000원

표지 사진 : 운문사 비로전 벽화 (성보문화재연구원 제공)
잘못 만들어진 책은 바꿔 드립니다.

불교 예절 입문

일타큰스님 지음

✳ 효림

머 리 말

불교 집안의 예절은 단순히 법도를 지키게 하기 위한 것으로 끝나지 않는다.

그럼 불교 예절이란 무엇인가? 한마디로 요약하면 '성불成佛'이라는 불교의 최종 목표를 이루게끔 하기 위한 수행이요 방편인 것이다. 따라서 그 속에는 깊은 상징성과 깨달음의 의미가 깃들어 있다.

이러한 관점에서, '불자라면 반드시 알아야 할 기본예절'이라며 일타스님께서 살아생전에 설하셨던 합장법, 절하는 법, 사찰에서의 기본예절, 법문 듣는 법 등을 새롭게 정리하여, 2021년 1년 동안 월간 「법공양」에 연재하였고, 이를 다시 『불교예절 입문』이라는 제목으로 한 권의 책을 엮었다. 이 조그마한 책이 부처님을 닮은 참된 불자가 되는 데 도움이 될 수 있기를 축원해본다.

불기 2566년 부처님오신날
엮은이 김현준 합장

차 례

차 례

Ⅲ
법당 예법

Ⅳ
법문 듣기와 기타 예절

I

합장과 예배

합장合掌

두 손을 하나로 모으는 합장은 불자들의 인사법
이다. 열 손가락과 두 손바닥을 완전히 하나로 합
하여 마음이 산란하지 않았다는 것, 마음이 흩어
지지 않았다는 것을 나타내는 표식이다. 곧 흩어
진 마음을 하나로 모아 일심一心이 되게끔 한다는
상징성을 지니고 있다.

먼저 다섯 손가락을 모으는 것은 우리 몸의 5관
五官을 제어한다는 뜻을 담고 있다.

우리의 눈은 형상을 찾아 달아나고, 귀는 소리를
좇아, 코는 냄새를, 혀는 맛을, 피부는 좋은 감촉
을 찾아 뿔뿔이 흩어지고 있다. 곧 눈〔眼〕·귀〔耳〕·
코〔鼻〕·혀〔舌〕·몸〔身〕이 형상〔色〕·소리〔聲〕·향기
〔香〕·맛〔味〕·감촉〔觸〕을 찾아 끊임없이 나아가고

흩어진다.

이렇게 감각의 대상을 좇아 끊임없이 나아가고 흩어지는 것이 번뇌 망상의 시작이요, 번뇌 망상에 깊이 빠져들면 미혹迷惑의 업業을 짓게 되고, 마침내는 괴로움에서 헤어날 수 없게 되고 만다.

바깥 대상을 향해 흩어지는 우리의 감각기관을 잘 거두어들이지 않으면 해탈과 행복은 나날이 멀어져 갈 수밖에 없는 것이다.

그러므로 눈·귀·코·혀·몸 등이 더이상은 형상·소리·향기·맛·감촉을 좇아가지 말고 일심의 세계로 돌아가야 함을 깨닫도록 하기 위해, 합장을 할 때 다섯 손가락을 붙이라고 가르친다.

두 손바닥을 하나로 모으는 것 또한 마찬가지이다. 다섯 손가락을 관장하는 손바닥은 안식·이

식·비식·설식·신식의 전5식前五識을 관장하는 제
6식인 의식意識에 해당한다.

　나와 남, 본질과 작용으로 구분되는 왼손과 오른
손을 하나 되게 붙임으로써 둘이 아닌〔不二〕일심의
경지로 나아감을 나타내게 될 뿐 아니라, 동정動靜
과 자타自他의 화합을 나타내게 되는 것이다.

　이러한 의미에 입각하여 본다면, 합장을 할 때는
반드시 열 손가락을 모두 붙이고 두 손바닥도 완
전히 붙여야 한다.

　그런데 이러한 의미를 잘 모르는 불자들 중에는
손바닥을 붙이는 것은 고사하고, 손가락을 벌린
채 합장을 하는 이들이 허다하다. 심지어는 큰스님
들 중에 열 손가락을 깍지 끼어 합장하는 분들도
있다. 이것은 바른 합장법이 아니므로 마땅히 고쳐
야 한다.

　다시 한번 합장을 해보자.

　먼저 열 손가락 끝을 가지런히 모으고 두 손바

닥을 붙인다. 그리고 모은 손의 밑 부분을 명치(양쪽 횡격막이 만나는 곳)에 대고 가슴 쪽으로 약간 붙이도록 한다.

하지만 가슴에 완전히 붙여서는 안 된다. 물론 모은 손이 앞으로 향하거나 땅을 보아서는 더욱 안 된다. 모은 손가락 끝이 코끝 쪽으로 향하도록 하면 훌륭한 합장 자세를 이루게 된다.

그리고 팔꿈치는 몸에 꽉 붙이지도, 너무 벌어지지도 않게 해야 한다. 그냥 힘이 들어가지 않는 자연스러운 자세를 취하면 된다.

불자의 근본과 불교 정신의 기본을 담은 합장!

우리는 모두 합장하는 마음으로 살아가야 한다. 합장을 하면 싸움이 잦아들고 번뇌 망상이 가라앉는다. 합장을 하면 마음이 청정해지고, 합장하는 자세로 살아가면 깨달음과 복된 삶이 스스로 다가오게 되어 있다. 이를 꼭 명심하여 바른 합장을 생활화하기 바란다.

삼배와 오체투지

불자들이 부처님 전에 올리는 예배의 기본은 삼배三拜이다. 그런데 우리는 왜 삼배를 올리는가?

불가의 예배법인 삼배三拜는
몸과 말과 뜻의 삼업三業으로 공경을 지극히 하여
부처님과 진리와 스님의 삼보三寶에 귀의함으로써
탐진치의 삼독三毒을 여의도록 하기 위함이니라

석례삼배　　표삼업치경　　이귀의삼보　　득리삼독야
釋禮三拜　　表三業致敬　　而歸依三寶　　得離三毒也

이 게송 속에는 몸과 말과 마음의 삼업을 다 바쳐서 불법승 삼보에 깊이 귀의하면, 탐진치 삼독심이 저절로 사라지면서 참된 평화가 깃들게 되고 소원을 성취하게 된다는 뜻이 간직되어 있다.

이 삼배를 할 때 우리는 오체투지五體投地라는 큰

절〔大禮〕을 올린다. 그럼 오체투지의 절은 어떻게 하는가?

①합장을 하고 선 자세에서, 두 다리를 함께 굽혀 꿇어앉으면서 두 손을 바닥에 댄다. 이때 몸과 두 손은 세모꼴을 이루도록 해야 하고, 무릎과 무릎 사이는 주먹 두 개가 들어갈 정도의 간격을 유지해야 한다.

그리고 승려의 경우에는 왼손을 가슴 앞에 대어 가사가 흘러내리지 않게 하고 오른손을 바닥에 댄 다음 왼손을 바닥에 댄다. 하지만 재가 신도들은 가사를 착용하지 않아 옷이 흘러내릴 염려가 없으므로 동시에 두 손을 바닥에 대어도 무방하다.

②이마를 바닥에 닿
게 함과 동시에 왼쪽
발등으로 오른쪽 발
바닥을 누르고 엉덩이
가 발뒤꿈치에 붙게
한다.

왼쪽 발등으로 오른쪽 발바닥을 누르는 것은,
'작용과 움직임〔動〕을 의미하는 오른발을, 본체와
고요함〔靜〕을 의미하는 왼발로써 눌러 근본으로
돌아가게 한다'는 뜻이 담겨 있다. 그리고 이때 양
쪽 팔꿈치는 무릎 바로 옆에 놓이게 된다.

이렇게 하였을 때 이마·양쪽 팔꿈치·양쪽 무릎
의 다섯 곳이 바닥에 닿게 되므로 '오체투지五體投
地'라고 하는 것이다.

③이 오체투지의 자세에서 바닥에 닿는 손을 뒤
집어 귀 옆에까지 들어올려야 한다. 이를 접족례接
足禮라 하는데, 곧 부처님의 발을 두 손 위에 받들

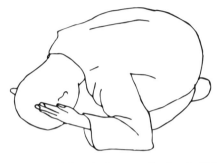

어 모신 다음 우리의 머리를 발에 대는 것을 나타내고 있다. 나의 손으로 부처님의 가장 낮은 곳에 있는 발을 받들고 소중한 머리를 댐으로써 존경의 극치를 표현하는 것이다. 따라서 이때에는 손을 완전히 펴야 한다.

접족례를 한 다음 일어날 때는 엎드릴 때와 반대로 하면 된다. 귀 옆까지 올렸던 손을 뒤집어 바닥에 대고 상체를 일으킴과 동시에 두 발을 세우고, 합장을 하면서 곧게 일어서는 것이다.

④이상의 동작을 반복하여 3배·7배·9배·108배 등을 하는 경우, 마지막 접족례를 하고 벌떡 일어서면 안 된다. 반드시 엎드린 자세에서 팔꿈치를 땅에 붙인 채 두 손을 이마 앞으로 모아 합장 기원하고, 다시 접족례를 한 다음에 일어서야 한다.

이렇게 이마 앞으로 두 손을 모아 기원하는 절을 고두叩頭 또는 **유원반배**唯願半拜라고 한다.

고두는 '머리를 콩콩 찧는다'는 말로서, 부처님의 발에 머리를 끊임없이 조아리며 가피를 구하는 자세이다. 지금도 인도에 가면 거지들이 이러한 자세를 취하는 것을 쉽게 발견할 수가 있다. 곧 인도의 거지들은 두 손으로 남의 발을 잡고 머리로 콩콩 찧으면서 "제발 도와주십시오." 하면서 구걸하는 것이다.

또 유원반배는 우리가 예불문의 마지막 구절인 "유원무진삼보대자대비…" 라는 구절을 외우며 올리는 반배와 같은 의미를 담고 있다. 곧 "부처님이시여, 저의 소원은 이러한 것이옵니다." 하고 기원하는 것이다.

'유원唯願'의 그 소원은 어떠한 것이라도 좋다. 일단 절을 드린 다음에는 기원이나 발원發願 또는 축원祝願을 하는 습관을 들이면 그 원과 함께 틀림없이 우리들 주위에 보다 큰 힘이 모이게 된다.

이상의 오체투지 예배법에 이어 또 하나 덧붙일 것은 **반배법**半拜法이다. 반배는 태국·미얀마 등의 남방불교권에서는 찾아볼 수 없는 예배법이다. 그들에게는 합장과 예배만 있을 뿐, 반배라는 인사법은 없다.

하지만 우리는 3배 등을 올리고 나서, 또 스님들끼리나 신도들끼리 가볍게 인사를 할 때, 또 건물 밖에서 부처님이나 스님들께 인사를 드릴 때 반배를 한다.

반배를 할 때는 차려 자세에서 합장을 하여 허리와 머리를 같이 굽히되, 무릎을 굽혀서는 안 된다. 사람에 따라서는 고개를 무릎에 닿을 정도로 굽히기도 하고 고개만 약간 숙이는 경우도 있는데, 이는 올바른 반배법이 아니다. 머리를 너무 굽혀서도, 덜 숙여서도 안 된다. 약 60도 정도로 굽히는 것이 가장 적합하다.

이렇게 여법하게 절을 하면 신심은 깊어지고, 경건함 속에서 보리심이 더욱 자라나게 되는 것이다.

절을 해야 하는 까닭

왜 불교에서는 절을 할 것을 즐겨 권장하는 것일까? 크게 두 가지로 그 이유를 정리할 수가 있다.

첫째는 절을 통하여 아상我相을 꺾고 복밭福田을 이루기 위함이다.

인간의 모든 그릇된 업은 아상에서 비롯된다. '나다', '내가 제일이다'고 하는 교만심을 일으켜서 제 잘난 맛으로 살기 때문에 모든 문제가 비롯되는 것이다.

이 세상에서 '자기가 제일'이라고 하면서 남을 무시하는 사람이 많다. 자기만 대단한 것처럼 생각하는 것이다. 하지만 육체와 정신으로 구성된 '나', 그 나는 끊임없이 변하다가 사라져버리는, 무상하고 허망하기 짝이 없는 존재이다.

그런데 이 무상한 나를 대단한 것인 양 내세우고 있으면 고통만 따를 뿐, 멋있고 자유로운 삶이나 공부에는 하등 도움이 되지 않는다. 그러므로 정말 잘 살고자 하는 사람은 아상부터 없애야 한다.

아상을 없애는 공부! 그것이 바로 절이다.

'저의 가장 높은 머리를 불보살님의 가장 낮은 발아래 대고 절하옵니다.'

'저의 가장 귀한 목숨을 바쳐 큰절을 하옵니다〔歸命頂禮〕.'

만약 '나'를 높이는 아상을 버리고 절을 하여 하심下心을 할 수 있는 사람이라면 진실로 남을 위해 봉사할 수 있는 마음을 낼 수 있게 되고, 참된 봉사를 하면 내 마음이 저절로 편안해지며, 내 마음이 편안해지면 나를 대하는 모든 사람의 마음도 편안해진다.

이렇게 하여 일체 사람을 편안한 세계로 인도하

면 대복전大福田, 곧 큰 복밭을 만들어 낼 수 있게 되는 것이다.

둘째는 업장소멸業障消滅, 곧 절을 많이 하여 속에 쌓인 업을 비워내고자 함이다.

옛 스님이 말씀하시기를, "이 몸은 돌아다니는 변소요, 구정물 통이다."라고 하셨다.

실로 그러하다. 아무리 얼굴을 예쁘게 꾸미고 화장을 했다고 해도 알고 보면 추하고 더럽기 짝이 없는 것이 우리의 몸뚱아리이다. 정녕 가죽 포대 속에는 피와 지방질과 때와 똥오줌으로 가득 채워져 있다.

그뿐인가? 제 마음에 맞으면 탐욕심을 내고, 제 마음대로 되지 않으면 성을 내며, 탐하고 성내다 보니 마음이 고요하지 못하여 시기·질투·아만·방일 등 수많은 어리석음을 저지르고 마는 것이다. 나아가 살생·도둑질·음행·거짓말까지 곁들이고 있으니….

이러다 보니 우리의 마음 그릇은 완전히 구정물 통이 되고 말았다. 본래 깨끗하고 천진했던 항아리에 콩나물 찌꺼기도 담고 쓰레기도 담고 쉰밥도 담고 고기 뼈다귀도 담고…. 온갖 찌꺼기들을 자꾸 담다 보니 구정물 통이 되어버린 것이다.

북적북적 속이 끓는 탁하디탁한 구정물 통! 흉측한 망상이 항상 출렁이는 구정물 통! 그 구정물 통이 꽉 차서 펄펄 넘치고 있다.

이제 우리는 이 마음 그릇 구정물 통을 맑혀야 한다.

그러나 넘치는 구정물 통에 맑은 물 한 사발을 부은들 별 소용이 없다. 맑히려면 구정물 통을 넘어뜨려 쏟아버려야 한다. 그렇지만 배가 크고 모가지가 작아, 넘어뜨려 쏟아 봐도 속의 것이 잘 나오지 않는다.

그러니 별도리가 없다. 오직 한 바가지 맑은 물을 붓고 흔들면서 냅다 쏟고, 한 바가지 물을 붓고 냅다 쏟고…. 오로지 거듭거듭 반복할 수밖에 없다.

바로 이와 같은 반복 작업이 절이다.

부처님이나 관세음보살 등의 대성인을 간절히 찾는 것은 맑은 물을 붓는 것이고, 절하여 엎어지는 것은 구정물 통을 흔들면서 찌꺼기를 쏟아내는 것이다.

그렇다고 하여 몇 번의 절로써는 속의 묵은 찌꺼기를 다 비워버릴 수가 없는 것이기 때문에, 거듭거듭 절할 것을 옛 스님들은 강조하셨다. 적어도 108배·1천배·3천배·5천배·1만배의 절을 하도록 하신 것이다.

중생의 마음 물이 청정해지면　　衆生心水淨

보살의 달그림자 거기에 나타난다　　菩薩月影顯

이렇게 거듭거듭 절하다 보면 업장이 소멸될 뿐만 아니라, 내 마음의 그릇이 청정해져서 능히 불보살의 가피를 입을 수 있게 되는 것이다.

우리를 맑히고 우리를 큰 복밭으로 만들어주는 절, 그 절이 누구에게 어떤 것을 기원하며 올리는 절이든 한 배 한 배 지성껏 하여 복된 삶을 이루어 보자.

특히 성의만 있으면 능히 할 수 있는 108배를 매일같이 행하여 보자. 아니, 108배가 어려우면 예불문을 외우면서 올리는 7배, 단 세 번의 절인 3배라도 좋다.

절을 하는 가운데 우리는 바뀌게 된다. 그리고 능히 깨어나게 된다. 부디 단 한 번의 절이라도 법도에 맞추어 지극정성으로 올리는 불자가 되기 바란다.

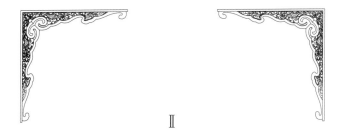

Ⅱ

사찰 초입의 예절

절을 찾는 이들에게

스님들은 절을 항상 머무는 집으로 삼고 있지만, 재가의 불자들은 절을 가끔씩 찾게 된다. 과연 우리 불자들은 어떠한 마음가짐으로 부처님이 계시는 절을 찾아야 하는가?

요즈음은 길을 잘 닦아 놓아 절 마당까지 자가용을 타고 들어가는 사람이 많지만, 1980년대까지만 하여도 깊은 산중에 있는 유명 사찰을 찾는 것이 쉽지 않았다.

그 시절, 우리의 할머니들은 쌀 1되, 양초 1통을 보자기에 싸서 머리 위에 이고 수십 리 길을 걸어 절을 찾아가곤 하였다. 마침내 법당 앞에 당도하면 하얀 고무신과 버선발에는 흙먼지가 뽀얗게 쌓여 있고…. 할머니들은 법당 앞 돌계단에 앉아 고

무신과 버선을 벗어 힘껏 내리치며 먼지를 털어내고, 손발과 얼굴을 깨끗이 씻은 다음 부처님께로 나아갔다.

아픈 다리를 끌고 수십 리 길을 걸으면서 그분들은 무엇을 생각하였을까? 분명 부처님을 그리며 심중心中 소원을 빌었을 것이다. 그러하기에 그분들이 절에 도착할 즈음이면 불공의 반은 이루어진 것이나 다를 바가 없었고, 기도의 반은 성취된 것이나 다를 바가 없었다. 이미 정성이 그만큼 익었기 때문이다.

그런데 오늘날의 불자들은 너무나 편안하게 절을 찾고 있다. 물질적인 시주야 옛 할머니들보다 많이 할 수 있겠지만, 정성은 못 미치는 경우가 많다. 그러므로 특별히 무거운 물건 없이 절을 찾을 때에는 적어도 절 밑의 주차장에서부터 걸어가는 것이 좋다.

한 손으로는 짐을, 한 손으로는 염주를 굴리면

서 끊임없이 염불을 하며 걸어보라. 절을 찾는 마음이 남달라질 것이다. 그리고 일단 집을 나서면 절에 도착할 때까지 불공을 올릴 때와 다름없이 몸과 마음을 단속해야 한다.

혹 일부 사람들은 불공을 드리러 절에 가다가 죽은 동물이나 나쁜 일을 보면 집으로 발길을 돌리는 사람이 있다. '부정을 탔다'는 이유 때문이다.

하지만 '부정이 탈수록' 더욱 찾아야 할 곳이 절이요, 의지해야 할 분이 부처님이다. 부처님은 동물의 사체를 보고 왔다고 하여 부정하다고 여기지 않으신다. 오히려 그 부정을 맑혀 주시는 분이 부처님이다. 오직 중요한 것은 '나'의 정성이요, 나의 경건한 몸가짐·마음가짐이다.

그 예로써 나의 부모님께서 생남불공生男佛供을 드리러 다니던 때의 이야기를 하고자 한다.

불심이 깊었던 부모님은 자식을 낳기 위해 절을 찾아다니며 정성을 다해 불공을 드렸다. 하지만 부처님 전에서 불공을 올릴 때만 정성을 기울인 것은 아니었다. 농사를 지을 때도 기도하는 마음으로 임하였고, 벼가 다 익으면 낫으로 베는 것이 아니라 손으로 직접 벼를 훑어 방아를 찧었다.

그 쌀을 아버지는 손수 만든 무명베 자루에 한 말을 담은 다음 깨끗한 무명옷으로 갈아입고, 집에서 80리나 떨어져 있는 마곡사 대원암까지 지게에 얹어 짊어지고 가서 불공을 드렸다.

한번은 평소와 같이 쌀을 짊어지고 대원암으로 향하였는데, 그날따라 배가 사르르 아픈 것이 자꾸만 방귀가 나오려 하였다. 억지로 참고 또 참았는데, 대원암을 10리 남겨놓은 지점에서 시냇물에 놓인 징검다리를 건너뛰다가 방귀가 나오고 말았다.

'아, 부처님께 불공을 드리러 가다가 방귀를 뀌다니! 가벼운 방귀 기운이 이미 위로 솟아 쌀로 올라갔을 것 아닌가?'

방귀 기운이 섞인 쌀로는 공양을 올릴 수 없다고 생각한 아버지는 그 쌀을 도로 짊어지고 집으로 돌아왔다. 그리고 다른 벼를 손으로 훑어 방아를 찧은 다음, 그 쌀을 새 자루에 넣어 다시 80리 길을 걸어서 불공을 드리러 가셨다고 한다.

⚲

우리는 분명 알아야 한다. 만약 우리가 불공을 드리러 갈 때의 마음가짐을 이렇게만 가진다면 그 불공은 이미 이루어진 것이나 다를 바가 없다.

불공은 정성이다. 내 정성을 내가 기울이면서 불보살님께 기원하는 것이 불공이다.

내 정성 내가 들이고, 내 불공 내가 드리고, 내 기도는 내가 하고, 내 축원은 내가 해야 참 불공이요 참 기도인 것이다.

불공하는 자세로 절을 찾아가는 불자. 그에게는 부처님의 자비광명이 저절로 깃들게 되고 기도 성취가 저절로 뒤따르기 마련이다.

부디 잘 명심하여, 절을 찾을 때 마음 단속·입단속·몸단속을 잘하기 바란다.

산문山門의 의미와 예법

사찰은 중생의 번뇌와 업業을 녹여 부처님의 세계로 인도하는 도량이다. 이 도량의 중심부, 곧 법당이 있는 곳에 이르기 위해서는 몇 개의 문을 거쳐야 한다.

문門! 집이 있는 곳에는 문이 있다. 집은 문을 통하여 들어가고 나와야만 한다. 사찰의 문은 부처님의 세계로 들어가는 문이다.

고통스러운 사바세계에서 지극히 행복한 불국정토로 들어가는 문이요, 미혹을 벗고 깨달음의 세계로 들어가는 문이며, 생멸生滅의 세계에서 참되고 한결같은 진여眞如의 세계로 들어가는 문이다.

불국정토를 염원하는 이라면, 성불成佛을 다짐하는 이라면 반드시 들어가야 할 문, 반드시 거쳐야만 하는 문인 것이다.

그러기에 불교에서는 부처님이나 고승들의 설법說法을 '법문法門'이라 칭하고 있다. 왜 글월 문文자 '法文'이라 하지 않고 문 문門자 '法門'이라고 쓰는 것일까? 그 까닭은 간단하다.

진리의 세계, 법의 세계는 귀로 들어서 알 수 있고 도달할 수 있는 것이 아니기 때문이다. 부처님의 설법을 듣는다는 것은 곧 법의 문을 보는 것에 불과하다. 그 문을 열고 걸어 들어가야만 한다. 그 문은 반드시 통과해야 하는 관문關門이요, 실천의 문이기 때문에 법문法門이라고 표현한 것이다.

부처님의 세계로 들어가는 사찰의 문, 그 문이 곧 법문法門이다. 불법佛法에 의지하여야만 들어갈 수 있는 문이기에, 문을 들어서는 데는 지극한 마음가짐이 뒤따르고 철저한 수행과 예절이 함께 요구된다.

우리나라의 큰 사찰에는 보통 통과해야 할 세 개의 문이 있다. 입구의 문인 일주문一柱門, 가운데 문인 천왕문天王門, 마지막 문인 불이문不二門이 그

것이다.

　사찰의 첫 번째 관문인 일주문은 이름 그대로 기둥이 일직선상의 한 줄로 늘어서 있다고 하여 일주문—柱門이라고 불리게 되었다. 흔히 지붕을 얹은 일반 건축물이라면 네 개의 기둥을 사방에 세우고 지붕을 얹는 것이 원칙이다. 그러나 일주문만은 사방이 아닌 일직선 기둥 위에 지붕을 얹는 독특한 양식을 보이게 된다.

　왜 사찰에 들어서는 이 첫 번째 문만 독특한 양식을 취한 것일까? 그것은 일심—心을 나타내기 위함이다. '신선한 가람에 들어서기 전에 세속의 번뇌로 부산히 흩어진 마음을 하나로 모아 진리의 세계로 향하라'는 상징적인 의미가 담겨 있다.

　따라서 일주문을 들어설 때는 단정히 서서 합장을 하고 공손하게 반배를 올려야 한다. 마음을 하나로 잘 모으라는 것이다.

　그리고 일단 일주문을 들어선 다음부터는 경건

하게 걸어야 한다. 뒷짐을 지거나 주머니에 손을 넣고 걸어서도 안 되며, 신발을 질질 끌면서 걸어서도 안 된다. 오직 깨달음의 마음, 맑고 밝은 마음가짐으로 걸어가야 한다.

두 번째 관문인 천왕문에는 불법을 수호하는 외호신外護神인 사천왕이 모셔져 있다. 외호신이란 불국정토의 외곽을 맡아 지키는 신이라는 뜻이며, 동·서·남·북의 네 곳을 지키게 된다.

이 천왕상들은 불거져 나온 부릅뜬 눈, 잔뜩 치켜올린 검은 눈썹, 크게 벌어진 붉은 입 등, 두려움을 주는 얼굴에 몸에는 갑옷을 걸치고 손에는 큼직한 칼·비파 등을 들고, 발로는 마귀를 밟고 있는 모습으로 묘사된다. 이때 발밑에 깔린 마귀들은 고통에 일그러진 얼굴로 신음하는 형상을 취하고 있다.

그런데 왜 이토록 무서운 모습을 한 사천왕이 지키고 있는 것일까?

그것은 사천왕이 사찰을 외호하고 악귀惡鬼 등을 내쫓아 사찰을 청정도량淸淨道場으로 만들려는 데 있다고 한다. 그리고 사찰을 찾는 사람들의 마음을 엄숙하게 만들고, 또 이 수호신이 지키는 사찰은 악귀가 범접하지 못하는 청정한 장소라는 신성관념神聖觀念을 갖게 하기 위한 것이라고 한다.

따라서 이 문 안으로 들어서면 좌우의 사천왕들께 각각 반배의 절을 하도록 되어 있다.

일단 이 천왕문을 통과하게 되면 그 안쪽은 부처님이 계시는 도량이다. 따라서 부처님이 계신 도량 안에서는 더욱 경건하게 행동해야 한다. 급하다고 하여 뛰어서도 안 되며, 평소에 잘 아는 사람을 만나더라도 큰소리로 웃거나 떠들어서는 안 된다. 서로 합장하여 반배를 드리면서 조용하게 꼭 필요한 인사말과 대화를 나누어야 한다.

마지막 관문인 불이문不二門은 곧 해탈문解脫門이다.

불이不二! 그것은 둘이 아닌 경지이다. 나와 네가 둘이 아니요, 생과 사가 둘이 아니며, 생사와 열반, 미혹과 깨달음, 세간과 출세간, 선과 불선不善, 색色과 공空 등, 모든 상대적인 것이 둘이 아님을 깨달아 모든 번뇌를 벗어 버리면 해탈을 이루어 부처님의 세계에 머무르게 됨을 나타내고 있다.

따라서 불이문을 통과하면 부처님이 설법하고 계신 법당이 나타난다.

그러므로 이 문을 들어서면 곧바로 정성을 다해선 자세로 반배를 세 차례 올리면서, 법당 안의 부처님께서 우리를 위해 설하시는 무언無言의 해탈법문解脫法門을 들을 수 있는 마음의 문을 열어야 한다.

곧 산문을 통과하면서 우리는 맑아지고 깨어나야 한다. 무명無明의 껍질을 한 겹 한 겹 벗기면서 우리의 진아眞我를 회복해 가져야 한다.

이상이 사찰에 여러 개의 문을 둔 까닭이다.

탑돌이(繞塔)

산문을 모두 지나 법당 앞뜰에 이르면 탑이 서 있는 것을 많이 볼 수 있게 된다. 삼국시대 이래 우리나라 대부분의 사찰에서는 법당 앞에 탑을 세우는 것을 정형화하였다.

일찍부터 이 땅에 이토록 많은 탑을 조성한 까닭은 부처님 열반 이후의 불탑신앙佛塔信仰, 곧 부처님의 사리를 모신 탑을 신앙의 대상으로 삼았던 오랜 전통을 이어받았기 때문이다.

석가모니 부처님께서는 당신을 신격화시키는 것을 원하지 않았기 때문에, 열반 직전에 의지처를 필요로 하는 사람들로 하여금 '불상을 모시지 말고 탑을 세워 탑 속에 부처님이 계신다는 생각으로 예배하고 기도할 것'을 권하셨다.

이 말씀에 따라, 기원후 1세기 말에 불상이 정식으로 만들어지기 전까지는, 불탑신앙이 불교 신앙의 대종을 이루게 되었던 것이다.

여기서 우리는 한 가지 사실을 분명히 알고 넘어가야 한다. 그것은 탑이 단순한 석조 예술품이 아니라, 부처님의 영원한 몸이 감추어져 있는 집이라는 사실을 확실히 알아야 한다는 것이다.

오늘날 사찰을 찾는 대부분의 불자들은 탑을 도외시한 채 법당을 찾기에 바쁘다. 하지만 부처님의 영원한 몸, 불멸의 부처님인 사리를 모신 집이 탑이라는 사실을 분명히 깨닫는다면 그냥 지나칠 수가 없을 것이다.

탑! 그 속에는 부처님이 계신다. 불멸의 부처님, 법신불法身佛이 머물러 계신다. 그러므로 옛사람들은 탑 앞에 이르면 꼭 예배를 드렸다. 탑을 대하면 탑 주위를 세 바퀴 돈 다음, 무릎을 꿇어 탑 앞에 있는 배례석에 이마를 대고 절을 올렸던 것이다.

이러한 예법의 기원은 부처님 당시로 거슬러 올라간다.

인도에서는 크게 존경할 만한 스승의 가르침을 받고자 하면, 먼저 그 스승의 주위를 세 바퀴 돈 다음 왼쪽 무릎을 세우고 오른쪽 무릎을 땅바닥에 대어 머리를 조아리는 우슬착지右膝着地의 예법을 행하였다. 이것이 인도 불교계에서도 그대로 채택되어 널리 행하여졌고, 중국 및 우리나라에서는 탑과 불상 주위를 돌며 이와 같은 예법을 행하였던 것이다.

그러므로 불멸의 부처님께서 머물러 계신 탑을 보면 그냥 지나치지 말고 반드시 예禮를 표하여야 한다. 옛 인도의 풍습처럼 탑을 중심으로 삼아 오른쪽(시곗바늘 도는 방향)으로 세 바퀴를 돈 다음, 합장을 하고 발원을 하여야 한다.

그리고 탑을 돌 때에는 5법五法을 지켜야 한다.

①머리를 숙이고 땅을 볼 것

②벌레를 밟지 말 것

③좌우를 돌아보지 말 것

④땅에 침을 뱉지 말 것

⑤다른 사람과 말하지 말 것

이렇게 5법을 지키며 몸과 말과 뜻으로 지은 잘못을 참회하고 청정한 삶을 기원하면 다음 세상에서 오복五福을 얻게 된다고 한다.

이제까지 탑을 향해 예배를 하지 않는 불자라면 앞으로는 꼭 예를 갖추도록 하자. 탑 주위를 세 번 또는 일곱 번을 돌지 못할 경우라면, 선 채로 합장하고 반배를 세 번 올리도록 하자.

우리 모두 보이지 않는 탑 속의 부처님과 보이지 않는 우리 속의 깊은 마음을 하나로 이어주는 불탑예배를 꼭 실천해 보도록 하자.

Ⅲ

법당 예법

법당 출입법

절 마당의 탑에 대한 예배가 끝나면 화급을 다투는 중대한 용무가 있는 경우를 제외하고는 먼저 법당에 들어가서 부처님 전에 참배를 드려야 한다.

대부분의 절에는 법당으로 올라가는 계단이 있고, 그 계단은 넓은 중앙계단만 있는 경우와 중앙계단과 좌우 계단이 함께 있는 경우가 있다.

그 어느 경우라도 재가불자는 정면 한복판으로 올라가서는 안 된다. 가운데 길은 부처님 또는 큰스님이 다니는 길이기 때문이다.

따라서 좌우 계단이 있다면 그 계단을 이용하고, 중앙계단만 있다면 한복판을 피하여 한쪽 옆으로 올라가는 것이 옳다.

또 법당으로 들어가는 문도 여러 개가 있기 마련이다. 이 경우에도 한복판에 있는 어간御間의 문은 피하여야 한다. 이 문 역시 부처님이나 사중寺中의 가장 큰스님이 출입하는 문이기 때문이다.

따라서 일반 신도들이 법당으로 들어갈 때는 측면으로 난 문을 이용하거나 어간문 좌우의 문을 이용해야 한다.

그리고 신발을 벗고 법당으로 들어갈 때는 나올 때 바로 신을 수 있게끔 신발코가 밖으로 향하도록 돌려놓는 경우가 많은데, 이렇게 하여서는 안 된다. 신발을 돌려놓으면 부처님을 등지게 되기 때문이다.

또 먼저 법당으로 들어간 사람의 신발도 가지런히 정리해줄 줄 알아야 한다. 마음을 잘 정돈하여 사찰의 일주문을 들어섰듯이, 벗어놓는 신발들을 잘 정돈하여 우리의 불심을 가다듬으라는 것이다.

다음으로 법당으로 들어가기 위해 문을 열 때는 최대한 소리가 나지 않게 조심해야 한다. 그러기 위해서는 한 손으로 문고리를 잡고 다른 한 손으로는 문을 살짝 들어 올리면서 열어야 한다.

　또한 법당에 들어설 때는 우리의 가슴이 부처님 쪽으로 향하도록 들어서야 한다. 법당의 왼쪽 문으로 들어갈 때는 왼발을 먼저 들여놓아야 하고, 오른쪽 문으로 들어갈 때는 오른발을 먼저 들여놓아야 한다(여기서 말하는 법당의 왼쪽·오른쪽 문은 부처님 쪽을 기준으로 삼아 정함).
　만약 오른쪽 문으로 들어설 경우, 법당 안으로 왼쪽 발을 먼저 내딛게 되면 우리의 몸은 자연히 부처님을 등지게 된다. 반대로 오른발을 먼저 내딛게 되면 가슴 쪽이 부처님을 향하게 된다. 곧 부처님을 감싸 안는 자세로 법당에 들어가야 한다는 것을 일깨워 주고 있는 것이다.

이렇게 법당 안으로 두 발을 들여놓은 다음에는 부처님을 향해 합장을 하고 반배를 드린 다음 촛불을 켜고 향을 붙이기 위해 불단 쪽으로 나아간다. 이때에는 소리가 나지 않게끔 발뒤꿈치를 들고 조용히 걸어야 한다.

그리고 법당 안에서는 언제나 합장한 자세로 걸어야 하며 부처님께 절하고 있는 다른 불자들의 머리맡을 지나지 않도록, 또 방해가 되지 않도록 유의해야 한다.

향공양과 등공양

불단 앞에 이르러 향공양과 초공양을 올리기 전에는 먼저 선 채로 반배를 하고 촛불을 켠 다음, 그 촛불을 이용하여 향을 붙인다. 그리고 향에 붙은 불을 끌 때는 입김을 불어 끄지 말고 흔들어서 끄거나, 다른 한 손으로 바람을 일으켜서 끈다.

이어 두 손으로 향을 잡고 머리 위에까지 받들어 올려 공양의 예를 표한 다음 향로에 꽂는다. 그리고는 합장한 자세로 뒤로 3보 물러나 반배를 올린다.

그런데 만일 부처님 전에 이미 촛불이 밝혀져 있고 향로에 많은 향이 피워져 있다면, 준비한 향과 초를 그대로 불단 위에 올려놓는 것으로 공양을 대신하는 것이 좋다.

때때로 우리는 다른 불자들이 켜 놓은 촛불을 끄고 자기가 준비한 초에 불을 붙여 꽂는 사람들을 종종 볼 수 있다. 그러나 이것은 옳지 않고 부처님께서도 반가워하지 않으신다.

자기의 정성보다 남의 정성을 더 존중하고 대중을 위하는 것이 더 큰 공덕이 되고 부처님께서 기뻐하실 일이라는 것을 잊어서는 안 된다.

초공양과 향공양 다음에는 적당한 곳에 자리를 잡고 부처님께 정성을 다해 3배를 올려야 한다. 그 요령은 불자들이 잘 알고 있는 오체투지 예배법에 따라 행하면 된다.

그리고 비록 짧은 3배이지만 참회와 발원을 반드시 담을 수 있어야 한다(많은 절을 하고자 하면 정중앙을 피하여 부처님이 보이는 한쪽 옆에서 하고, 명상하기를 원하는 이는 법당의 한쪽편에 앉아 행하면 된다).

이렇게 참배를 마쳤으면 촛불을 끄고 각 기물을

확인하여 화재 등의 예방에 만전을 기하여야 한다.

불을 끄기 위해 부처님 앞으로 나아갈 때에도 합장을 하고 조용한 걸음으로 나아가 반배를 한다. 그리고 불을 끄되 입김을 불어서 꺼서는 안 된다. 곧 엄지와 약지로 촛불 심지를 잡아 끄거나, 손바람을 일으켜서 끄거나, 불을 끄는 기구를 이용하여야 한다.

마지막으로 법당에서 나올 때도 들어갈 때와 마찬가지로 합장한 자세로 법당 옆문까지 와서 부처님을 향해 반배를 올린 다음 문을 열고 나오도록 한다.

예禮는 정성이요, 정성으로 다하면 이루어지지 않는 것이 없으니, 부디 정성스러운 마음으로 법당에서의 예절을 잘 지키기 바란다.

등공양과 향공양의 자세

이제 법당에서 촛불을 켜고 향을 올리는 등공양과 향공양의 의미를 살펴보자.

불가에서는 왜 초공양, 곧 등공양燈供養을 중요시하는 것인가? 어두운 중생들의 마음속에 불을 밝히도록 하기 위해서이다. 미혹을 없애는 불을 밝히기 위함이요, 진리를 가득 담은 불을 밝히도록 하기 위함이다.

그런데 과연 누가 이러한 불을 밝혀주는 것인가? 부처님이신가? 아니다. 당연히 우리들 자신이다. 이제 대부분의 불자들이 익히 알고 있는 가난한 노파의 등공양 이야기를 통하여, 불을 밝히는 참다운 마음가짐과 공덕을 함께 살펴보자.

❀

석가모니불 당시 사위성舍衛城에는 가족도 친척

도 없이 홀로 사는 외롭고 가난한 노파가 있었다. 너무나 가난했던 그 노파는 이 집 저 집을 다니면서 밥을 빌어 겨우 목숨을 이어가야만 했다. 하루는 온 성안 사람들이 기쁨에 겨워 크게 환호하고 있었다. 궁금해진 노파는 '무슨 일이냐?'고 물었다.

"오늘 밤에 부처님께서 이 성으로 오시므로, 아사세왕과 백성들이 수많은 등불을 밝혀 부처님을 맞이할 것입니다."

이 말을 들은 노파는 깊은 탄식과 함께 슬픔에 잠기고 말았다.

'아, 나는 어찌 이다지도 복이 없단 말인가? 세상에서 가장 큰 복전福田인 부처님을 만나면서도 그 복밭에 뿌릴 한 알의 씨앗조차 없으니…. 구걸을 해서라도 부처님께 공양할 등불을 밝히리라.'

노파가 지나가는 사람들에게 동전 두 닢을 겨우 구걸하여 기름집을 찾아가자, 가난에 찌든 노파의 모습을 보고 기름집 주인은 기름의 쓰임새를 물었다.

"나는 부처님께서 계신 세상에 태어났지만, 너무나 가난하여 지금까지 아무것도 공양하지 못했습니다. 오늘 나는 부처님을 뵈옵고 하나의 등불이나마 밝혀 공양하고자 합니다."

크게 감동한 기름집 주인은 갑절이나 많은 기름을 주었다. 비록 하룻밤의 반도 밝힐 수 없는 기름의 양이었으나, 노파는 기쁜 마음으로 부처님께서 지나가실 길목에 등불을 밝히고 기도하였다.

"저는 가난하여 이 조그마한 등불밖에는 부처님께 공양할 수 없나이다. 부디 이 공덕으로 오는 세상에는 성불成佛하여, 그 지혜의 빛으로 모든 중생의 어두운 마음을 밝게 하여지이다."

밤이 깊어감에 따라 다른 등불은 하나둘 꺼져 갔으나, 가난한 노파의 등불만은 더욱 밝게 빛나면서 주위를 비추고 있었다.

날이 밝아오자 부처님께서는 제자들 중에서 신통력이 가장 뛰어난 목련존자目連尊者에게 아직 꺼지지 않은 등불을 모두 끌 것을 지시하셨다.

목련존자는 모든 등불을 차례로 꺼나갔다. 그런데 노파의 등불은 세 번이나 끄려 했으나 꺼지지 않았다. 가사 자락으로 크게 휘둘러 꺼보았으나 불꽃이 더욱 강해질 뿐이었다. 마침내 목련은 신통력으로 바람을 일으켰으나, 그 불빛은 오히려 하늘까지 뻗쳐나갔다.

부처님께서는 이 광경을 지켜보다가 이르셨다.

"목련아, 부질없이 애쓰지 말아라. 그 등불은 비록 가난하지만 마음씨 착한 노파의 넓고 큰 서원誓願과 정성으로 밝혀진 등불이니라. 너의 신통력으로는 끌 수가 없다. 이 등불을 밝힌 공덕으로 노파는 오는 세상에 반드시 부처를 이룰 것이다. 지극한 정성이 깃든 등불은 결코 꺼지지 않느니라."

이어 부처님께서는 이 노파가 30겁劫 후에 수미등광여래須彌燈光如來라는 이름의 부처가 될 것이라는 수기授記를 주셨다.

§

작지만 지극한 정성이 담긴 이 등불이 한 역할은 과연 무엇인가?

지혜의 빛이 가득한 부처님의 앞길을 밝혀주는 것이 이 등불의 역할이었던가?

아니다. 그 등불의 역할은 부처님의 앞길 밝힘이 아니라, 노파의 마음속에 깃든 어둠을 밝힘과 동시에, 외로움과 가난의 업業을 녹이는 것이다.

노파가 가난을 핑계 삼아 등불을 밝힐 뜻을 포기하였거나, 등불을 올리는 공덕을 모든 중생의 어두운 마음을 밝히는 데로 돌리지 않고 개인적인 행복을 기원하는 것으로 만족하였다면, 노파는 어두움과 가난 속에서 영원토록 헤어날 수 없었을 것이다.

노파는 진실한 마음의 등불을 밝힌 것이지, 형식의 등불을 켠 것이 아니었다. 노파는 자비의 등불을 밝힌 것이지, 자신만을 위한 구복求福의 등불을 켠 것이 아니었다.

어찌 노파가 밝힌 등불이 평범한 기름으로 켠 등불이겠는가! 그것은 일심의 신묘한 작용과 공덕으로 밝힌 다함이 없는 등불, 영원히 꺼지지 않는 무진등無盡燈이었던 것이다.

무진등! 무진등을 밝히는 것. 그것이 등공양을 올리는 진정한 까닭임을 잊지 말아야 한다.

이제 우리는 이 등공양의 의미를 통해 향공양을 올리는 뜻도 능히 짐작할 수 있을 것이다.

향은 스스로를 태우면서 좋은 향기를 뿜어낸다. 향기를 팔아 스스로를 몰락시키는 것이 아니라, 향기를 뿜어 뭇 생명들을 맑게 밝게 가꾸면서 자신을 소멸시키는 것이다.

깊은 믿음의 향〔信香〕을 사르는 불자라면 능히 부처님과의 교감을 이룰 수 있고, 그 자신이 향이 되어 능히 진리 그 자체의 몸으로 돌아갈 수가 있다.

불자인 우리는 이러한 등공양과 향공양의 의미를 꼭 명심하여야 한다.

법당은 단순한 집이 아니다. 그곳은 법法(진리)을 깨우치는 전각이요, 특정한 부처님의 세계를 그 작은 공간 속으로 옮겨 함축성 있게 묘사한 궁전이다.

그 궁전 속에서 법도에 맞게 예를 갖추어 지극한 마음으로 촛불을 밝히고 향을 사르고 예배를 드릴 때, 우리는 불단 위의 부처님께서 설하시는 무언의 법문을 듣고 깨달음을 이룰 수 있게 된다는 것을 잊지 말기 바란다.

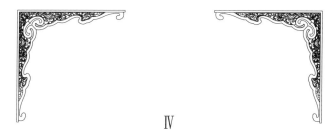

IV

법문 듣기와 기타 예절

법문 듣기

사람들에게 법문을 한자로 써보라고 하면 '法文'으로 많이 쓴다. 그러나 법문은 '글월 문文'이 아니라 '문 문門'자를 쓴다. 곧 진리의 글을 배우는 법문法文이 아니라, 그 문을 통과하여 깨달음의 세계로 들어가는 법문法門이라는 것이다.

그러므로 법문法門은 듣기만 하는 것이 아니다. '법法'자, '문門'자. 이 두 글자의 뜻 그대로 진리의 세계로 들어설 때 통과해야 하는 관문이 법문이다.

우리는 법사의 설법을 통하여 법의 문을 열 수 있는 열쇠를 얻어야 한다. 그리고 그 열쇠로써 법의 문을 열고 깨달음과 행복이 가득한 부처님의 세계로 들어서면 되는 것이다.

하지만 그 열쇠는 아무에게나 주어지는 것이 아

니다. 열쇠를 얻는 데는 나름대로의 요령이 있다. 과연 어떻게 법문을 들어야 법의 문을 열 수 있는 열쇠를 얻게 되는 것인가?

먼저 법사를 존중하여야 한다.

불교 집안에서는 법을 주관하는 스님[主法人]을 법주法主 또는 법사法師라고 한다. 그런데 법사의 겉모습이 보잘것없었다거나 설법의 내용이 서투르고 마음에 들지 않는다고 하여 '시원찮다', '못났다'는 등의 생각을 일으키거나 가벼이 여겨서는 안 된다.

❁

옛날에 신앙심이 깊은 신도가 도력 높은 큰스님을 모시고자 찾아뵙고 간청을 드렸다.

"꼭 큰스님을 모시고자 합니다. 거처하실 암자도 이미 마련하였습니다. 제발 제 청을 거절하지 말아 주십시오."

"그렇습니까? 정성이 그토록 지극하니 한번 가 보도록 합시다."

스님의 허락을 얻자 그 신도는 크게 기뻐하며, 스님께 암자를 더 좋게 지어드리고, 좋은 가사·장삼과 탕약 등을 부족함 없이 공양하리라 작정하였다. 그런데 얼마쯤 가다가 개울을 만나자, 스님께서 방정맞게도 징검다리를 깡충깡충 뛰어 건너는 것이었다.

'야, 내가 괜히 스님을 모시고 가는 게 아닐까? 더 좋은 절을 지어드릴 필요는 없겠군.'

얼마 뒤 또 개울을 건너게 되었는데, 이번에도 깡충깡충 뛰어 건넜다.

'절에 계실 때는 위엄도 있고 법문도 잘하셨는데, 암만해도 내가 잘못 본 것 같군. 가사·장삼도 해드릴 것 없겠다.'

얼마를 가다가 또 개울을 만났는데, 여기에서 또 깡충깡충 뛰어, 여기에서도 탕약 한 재가 날아가 버렸다.

마지막 개울을 만났을 때, 어쩐 일인지 스님께서는 지팡이를 짚고 위엄을 갖추어 건넜다. 그리고는 신도가 건너오자 말씀하셨다.

"한 번 건너뛰자 좋은 암자가 날아갔고, 두 번째 건너뛰자 가사·장삼이, 세 번째 건너뛰자 탕약 한 재가 날아갔으니, 이번마저 깡충깡충 건너뛰면 밥 한술 못 얻어먹고 쫓겨나지 않겠소?"

§

이 이야기가 주는 교훈이 무엇인가? 겉으로 나타나는 모습만 보고 법사를 판단하면, 참된 배움의 길로 들어서지 못할 뿐 아니라 도道와 점점 멀어지게 된다는 것이다. 그래서 옛 스님들은 말씀하셨다.

"어떤 사람이 길을 가다가 횃불을 들고 가는 죄인을 만났는데, 그 사람이 밉다고 하여 불빛까지 받아들이지 않는다면 구렁텅이에 빠지고 말리라."

실로 그러하다. 법문은 등불과 같은 것이다. 그런데 법사가 밉고 우습게 보인다는 이유 때문에,

두 눈을 가리고 그가 들고 있는 등불의 빛을 거부하면 어떻게 되겠는가? 결국 불도佛道를 성취하기는커녕 깜깜한 구렁텅이에 빠져들고 만다.

그러므로 모름지기 법문을 들을 때는 법을 존경하고 법사를 존경하는 마음부터 가져야 하는 것이다.

그렇다면 설법을 들을 때는 어떠한 마음가짐으로 임해야 하는가? 그 무엇보다 퇴굴심退屈心과 용이심容易心을 버려야 한다.

법문을 듣고 마치 천 길 벼랑을 줄을 타고 올라가는 것과 같다는 생각으로, "어떻게 그와 같이 수행을 해? 나는 절대 못 한다."고 하는 퇴굴심을 일으키거나, 그 반대로 자주 들었고 귀에 익은 이야기라 하여, "그까짓 것쯤이야." 하는 용이심을 내어서도 안 된다.

법문을 나의 것으로 만들기 위해 모든 잡생각을 비우고 집중해서 들어야 한다. 깨달음이 퇴굴심이나 용이심과 함께하지 않기 때문이다.

그럼 무엇과 함께하는가? 텅 빈 마음과 함께한다. 마음이 완전히 비어 있을 때 법문은 온전히 나의 것이 된다.

번뇌의 구정물이 꽉 찬 곳에 맑은 물을 부어 보라. 물의 탁한 기운이 묽어지기는 하겠지만 역시 구정물이 될 수밖에 없듯이, 잡된 생각으로 가득 찬 마음에 법문을 담으려고 하면 제대로 담기지 않는 법이다. 그러므로 먼저 나의 주관적인 생각과 번뇌망상들을 비우라고 한 것이다.

내 마음에 번뇌망상이 가득 차 있으면 법문이 들리지도, 나의 것이 되지도 않는다. 내가 번뇌와 더불어 놀고 있는데, 어떻게 법문을 마음에 담을 수 있겠는가? 그냥 남의 말일 뿐이다.

그러므로 법문을 들음에 있어서는 나에게 맞는다는 생각이나 맞지 않는다는 생각, 법문을 잘한다는 생각, 못한다는 생각까지도 비워야 한다. 법문을 잘한다, 못한다, 재미있다, 재미없다는 생각도 모두 번뇌망상이기 때문이다.

이와 같은 번뇌망상들은 완전히 비울 때 감로수甘露水, 곧 감로의 법문이 고스란히 담기게 되는 것이다.

진정한 법문은 말로 설명하고 귀로 듣는 것이 아니다. 빈 마음으로 설하고 빈 마음으로 듣는 것이다.

마음을 비우고 법문을 듣다 보면 반드시 큰 기연機緣을 발할 때가 있다. 큰 기연을 발할 때란 '견성見性할 날', '오도悟道할 날'이 있다는 말이다.

견성할 기회! 마음을 비우고 법문을 들을 때뿐만이 아니다. 마음을 비우고 참선을 하거나 마음을 비우고 기도를 하면 반드시 큰 기연을 만나 견성성불見性成佛하고 감응을 입게 된다.

❁

가나오나 앉았거나 섰거나 자기의 본래면목本來面目이 무엇인가를 생각하던 한 스님이, 어느 날 시장에서 술을 먹고 싸우다가 화해를 하는 두 사람의 대화를 듣게 되었다.

"이 사람아, 자네하고 나하고 그런 사이가 아닌데…. 면목面目이 없네."

"아닐세, 내가 면목이 없네."

이 소리를 듣는 순간 그 스님은 도를 깨달았다.

§

이처럼 한 마디의 법문에 생사를 벗어난 예는 너무나 많다.

모름지기 법문을 들을 때는 빈 그릇이 되어야 한다. 빈 그릇에는 법문을 능히 담을 수 있지만, 그릇이 차 있으면 아무리 좋은 자비법문, 오도법문吾道法門이라 할지라도 담을 수가 없다.

법문을 들을 때는 아무리 좋은 생각이라 하더라도 번뇌망상에 불과하다는 것을 분명히 자각하여, 마음을 비우고 법문을 듣게 되면 깨달음의 기연이 반드시 찾아들게 되는 것이니, 이것이 법法의 문門을 열고 부처님의 집 안으로 들어가는 요긴한 비결이다. 잘 명심하기를 부탁드린다.

말만 듣는 자가 되지 말라

불자는 법문을 귀로만 듣거나, 들은 법문을 입으로만 내뱉는 이가 되어서는 안 된다. 귀로 들은 것을 입으로 내뱉으며 비판하는 것. 이것은 지식知識에 불과할 뿐 지혜智慧를 이룰 수가 없다.

지식의 지知는 '화살 시矢'에 '입 구口'자를 합한 글자로, '귀로 들어와서는 입으로 나와버리는 배움〔入耳出口之學〕'을 가리킨다.

'이구삼촌耳口三寸'이라고, 우리의 입과 귀의 거리는 세 치밖에 되지 않는다. 법문은 귀로 듣고 입으로 내뱉기 위해 배우는 것이 아니다. 법의 세계, 곧 진리의 세계로 들어가기 위해 배우는 것이다. 그러므로 법문을 듣는 이는 귀로 듣지 않고 마음으로 들어야 하며, '알 지知'가 아니라 '지혜 지智'를 이루어야 한다.

'알 지知' 밑에 '날 일日'자. 태양처럼 밝게 빛나는 지혜의 광명으로 모든 사람을 밝혀주어야 한다.

독사가 물을 마시면 독을 만들고　　蛇飲水成毒
소가 물을 마시면 젖을 만든다　　　牛飲水成乳
지혜롭게 배우면 보리를 이루고　　智學性菩提
어리석게 배우면 생사를 이룬다　　愚學爲生死

『초발심자경문』에 나오는 이 말씀 그대로, 똑같은 법문을 듣고 어떤 사람은 도를 깨치는데 어떤 사람은 도를 깨치지 못한다. 어떤 사람은 태양과 같은 광명을 뿜어내고 어떤 사람은 더욱 암담해지기도 한다.

독을 만들 것인가, 젖을 만들 것인가? 보리菩提 (깨달음)를 이룰 것인가, 생사를 이룰 것인가?

그 열쇠는 각자가 쥐고 있다. 마음 가득 번뇌망상을 담고 말만 배우고자 하거나 지식 충족의 수단으로 법문을 듣는다면 생사 이외에는 이루어 낼 수 있는 것이 없지만, 스스로가 온전히 마음을 비우고 법문을 들으면 틀림없이 깨달음을 이룰 수 있다.

부처님과 모든 선지식이 한결같이 말씀하셨듯이, 모름지기 마음을 비우고 법문을 들어보라. 머지않은 날, 틀림없이 깨달음이 찾아들 것이요, 법의 문을 열 수 있는 열쇠를 손에 쥐게 될 것이다.

이제 법문을 들을 때 꼭 의지해야 할 네 가지 법〔四依法〕에 대해 살펴보자. 부처님께서는 말씀하셨다.

①법을 의지할 뿐 사람을 의지하지 말라〔依法不依人〕.

이는 법을 중요시할 뿐 사람의 모양새를 보고 옳고 그름을 판단하지 말라는 말씀이다.

②지혜를 의지할 뿐 분별의식을 의지하지 말라〔依智不依識〕.

지혜〔智〕는 진리의 세계이자 도의 세계이고, 분별

의식〔識〕은 중생의 세계이다. 지혜를 성취한 분은 부처님이요, 알음알이, 내가 알고 있는 것을 표준으로 삼아 따지기를 즐기는 존재는 중생이다.

곧 중생의 세계는 분별의식의 놀음이요 성인의 세계는 지혜의 놀음이니, 지혜를 의지할 뿐 분별의식을 의지해서는 안 된다는 가르침이다.

③ 뜻을 의지할 뿐 말을 의지하지 말라〔依意不依話〕.

같은 말이라도 때에 따라서 다르게 쓰일 때가 있다. 하는 짓이 너무 귀여워서 "고놈 참 얄밉네."라고 했을 때, 그 말은 정말 미워서 한 말이 아닌데도 말만 듣고 화를 낸다면 어떻게 되겠는가? 바로 이런 경우에 처했을 때 뜻에 의지할 뿐 말에 의지해서는 안 된다는 것이다.

④ 요의법문을 의지할 뿐 불요의법문을 의지하지 말라〔依了意不依不了意〕.

같은 말이라도 완전히 그 뜻을 요달하여 진리의 세계를 완벽하게 설한 것을 요의법문이라고 하고, 완벽하게 밝힌 것이 아니라 한 과정만을 이야기한 것을 불요의법문이라고 한다.

예를 들면 '살생하지 말라'는 계가 있을 때, 소승법小乘法을 지키는 사람은 자기가 직접 살생을 하지 않았다고 생각하기 때문에 고기를 먹지만, 대승법大乘法을 따르는 사람은 자기가 고기를 먹으면 살생의 간접적인 동기를 마련해주는 것이라 하여 고기를 먹지 않는 것과 같다. 그러므로 소승법을 불요의법, 대승법을 요의법이라 하는 것이다.

이와 같이 우리 불자들은 **진리와 지혜와 뜻과 요의법에 의지하여** 법문을 듣고 깨달음의 세계로 나아가야 한다. 만일 법문의 내용보다 겉모습에 빠져서 법문을 듣는다면 깨달음은 영원히 나의 것이 될 수 없다.

실로 법문은 언어와 문자를 매개체로 하되 언어와 문자를 떠난 것이다. 그러므로 불자들은 법문을 귀로 듣고 입으로 내뱉는 것으로 그쳐서는 안 된다. 귀로 들어 입으로 나오는 것이 아니라, 마음

속으로 들어가 피와 살이 되게끔 해야 한다.

그럼 어떻게 할 때 법문을 피와 살로 바꿀 수 있는가? 모름지기 법의 문 안으로 들어서고자 하는 불자라면 네 가지를 갖추어야 한다.

첫째는 **친근현선**親近賢善, 법을 잘 아는 선지식善知識, 곧 스승을 만나야 한다.

둘째는 **친문정법**親聞正法, 부처님의 정법을 잘 들어야 한다. 아무리 이름있는 이의 말일지라도 삿된 법문이라면 기꺼이 마다할 줄 알아야 한다.

셋째는 **사유기의**思惟基意, 들은 법문의 뜻을 잘 생각하여 자기의 것으로 만들라는 것으로, 묵묵히 앉아서 관하는 묵좌관지默座觀之가 이것이다.

넷째는 **여설수행**如說修行, 일단 자기의 것으로 만든 법문의 내용대로 잘 실행하라는 것이다.

이렇게 하나하나를 짚어보면 특별한 가르침같이 보이지만, 실제에 있어서는 너무나 상식적인 이야기이다. 스승을 잘 만나, 좋은 가르침을 받고, 자기의 것으로 만들어서, 잘 활용하는 것! 이것은 세속의 어떤 가르침에도 한결같이 적용된다.

그러나 자기 것으로 만들기까지가 문제이다. 일반적인 공부나 기술도 배우기만 하고 복습하지 않으면 90% 이상을 잊어버리게 마련이다. 기억이란 단순한 것이어서 망각의 먼지가 쌓여버리면 그만인 것이다.

그러므로 내가 알고 있는 것을 내 것으로 하기 위해서는 묵묵히 앉아 법문의 내용을 곰곰이 생각하고 관해야 한다〔默座觀之〕. 특히 법회 직후에 일이십 분 정도 묵묵히 앉아 생각하는 시간을 갖는다면, 법문을 '나'의 것으로 만드는 데 더 이상 효과적인 방법은 없을 것이다.

돌이켜보면, 법문을 들은 후 명상의 시간을 갖는 것은 부처님 당시부터 이어져 온 전통이요, 지금도 남방불교권 등지에서는 반드시 행하여지고 있다.

그런데 우리나라에서는 법회가 끝나기 바쁘게 공지사항을 알리고 사홍서원을 하여 법회를 끝낸다.

이 얼마나 안타까운 현실인가! 부디 스님네들이 앞장을 서서 법문을 되새길 수 있는 시간을 단 5분이라도 마련해 주기를 간곡히 청하여 본다.

또 한 가지, 법문을 듣다가 의심나는 바가 있으면 덮어두지 말고 반드시 선지식善知識에게 여쭈어 해답을 구하기 바란다. 확실히 알아야 행할 수 있고 올바른 깨달음을 이룰 수 있기 때문이다.

이렇게 진리의 법문을 '나'의 것으로 만들면서 꾸준히 공부하다 보면 일월日月과 같은 지혜가 생겨나게 되고, 지혜가 생기면 자성법문自性法門·자성불도自性佛道를 이룰 수 있게 된다.

이 산승은 마음 깊이 축원해본다. 모든 불자들이 지극한 마음으로 법문을 들어 법의 문을 열 수 있는 열쇠 하나씩을 꼭 얻게 되기를….

절에 머무를 때

아주 조그마한 암자가 아닌 일정 규모 이상의
사찰에는 여러 사람이 함께 자고 먹고 생활하는
대중방大衆房이 있기 마련이다. 이 대중방은 대중
스님들이 거처하거나, 사찰을 찾는 신도들이 사용
하게 된다.

특히 사월초파일 등의 불교 명절이나 기도재일
이 되면 많은 신도들이 절을 찾게 되고, 수련도량
또는 유명한 기도처에는 사람들이 끊일 날이 없다.

자연 많은 사람들이 한 방에 모여 생활을 해야
하고, 서로가 예의를 지키며 행동하지 않으면 안된
다. 이때 가장 필요한 것은 자리를 양보하여 다투
지 말며, 서로서로 돕고 불사를 함께 이루고자 하
는 자세이다.

여러 사람이 대중방에서 함께 생활할 때는 각자

의 자리가 정해지기 마련인데, 그 자리를 잘 지켜야 한다. 곧 남의 자리를 넘보지 말라는 것이다.

그러나 우리 불자들의 큰방 예절 수준은 그다지 높지 않다. 법당에서는 경건하게 절하고 기도하던 불자들도 큰방에만 들어서면 전혀 다른 태도를 보이는 경우가 허다하다. '먼저 차지하면 내 자리요 비비고 앉으면 내 자리'라고 생각하는 사람들이 많은 것이다.

이와 같이 서로가 자리를 탐하다 보면 서로 맞부딪히는 일이 잦아질 수밖에 없고, 그에 따른 말다툼이 종종 일어나게 된다. 때로는 큰방 안이 마치 장터처럼 변하기도 하는데, 그 모습이 지나쳐 처음 절을 찾는 사람들의 신심마저 완전히 떨어뜨려 놓는 경우까지 있다.

물질이 지배하는 현대사회는 생존경쟁에서 이겨야 높은 자리에 이를 수 있는 것처럼 되어 있다. 그러므로 서로가 양보하려 하지 않고 사양하지도 않는다. 그래서 싸움이 그칠 줄을 모른다. 그야말로 생존경쟁이요 투쟁의 현장인 것이다.

하지만 부처님 집안은 다르다. 돈으로 사는 집안과 도道로써 사는 집안은 판이한 차이가 있다. 도로써 사는 집안에서는 강요하지 않더라도 '양보의 미덕'이 저절로 지켜져야 한다. 그것이 도이다.

특히 절에 오랜 다닌 사람일수록 이 양보의 미덕을 잘 지켜서, 새로 찾아오는 사람들에게 모범을 보여야 한다. 같은 불자들끼리 양보하고 아끼는 마음으로 살아갈 때 우리 모두가 함께 하는 도량, 깨달음이 깃든 사찰 분위기가 저절로 자리를 잡게 되는 것이다.

불자는 도로써 사는 사람이다. 어떻게 깨달음의 도량 안에서 '자리다툼'이 벌어질 수 있는가? 서로 양보하고 도울 뿐 아니라, 서로가 서로를 살리면서 생활해야 한다.

이제 대중의 화합을 유지하고 도심道心을 기르기 위해 사찰 안에서 지켜야 할 두 가지를 말하고자 한다.

첫째, 말로써 다투어 승부를 가려서는 안 된다.

우리 불자들은 자기의 주장보다는 자비로운 마음으로 상대방의 말을 온전히 들을 줄 알아야 한다. 그렇게 할 때 상대방의 마음은 저절로 고요해지게 되고, 잘못이 있으면 스스로 깨닫게 되는 것이다.

자기를 내세우고 다툼을 즐기는 불자라면 어떻게 다른 사람들을 제도할 수 있겠는가? 아는 것이 아무리 많다고 한들 소용이 없다. 결국은 자기 한 몸도 구제할 수 없는 것이다.

둘째, 불사에 대해 이야기하여야 한다.

한가롭게 모여 앉아 쓸데없는 이야기로 시간을 보내다 보면 마음의 어지러움만을 더할 뿐, 도를 닦는 데는 조그마한 이익도 되지 못한다. 적어도 사찰 안에서만은 몸과 마음을 잘 다스려서 흐트러짐이 없도록 해야 하고, 언제나 부처님의 정법을 생각하는 시간을 가져야 하기 때문에, 세상의 잡된 일을 이야기하지 말라는 것이다.

  그렇다면 절집 안에서는 어떤 이야기를 나누어야 하는가?
  산문 안의 불사佛事를 찬탄해야 한다. 절 안의 좋은 점, 잘하는 일을 칭찬하면서 서로의 신심을 북돋우고 불사가 원만히 행하여지도록 덕담德談을 하며 지내야 하는 것이다.
  그렇다면 불사가 무엇인가? 요즈음의 절에서는 불사佛事와 공사工事라는 말을 구분하지 않고 사용하는 경우가 많다.
  불사의 '불佛'은 깨닫는다는 뜻이다. 따라서 불사는 '내가 깨닫고 남을 깨우치는 일'이다. 곧 깨달음과 행이 원만해지도록 서로 도와주는 것이 불사인 것이다.

실로 복은 다른 곳에서 오는 것이 아니다. 밥 먹는 데도 복이 달렸고, 말하는 데도 복이 달려 있고, 손 한번 들고 발 한번 내려놓는 데도 복이 달려 있고, 한 생각 놓고 드는 데도 복이 달려 있다. 이 모두가 불사인 것이다.

그러므로 절 안에서는 언제나 서로가 참된 깨달음을 얻을 수 있도록 하는, 참된 불사를 이루어야 한다.

성스러운 사찰! 절은 성불成佛의 도량이다. 부처를 이루고자 하는 사람들이 모여 사는 곳이다. 모든 불자들이 사찰을 찾고 대중방에 들어가서 어려운 생활을 감내하는 까닭도, 부처가 되고 불사를 이루기 위해서이다.

진정 서로가 부처를 이루기 위해 일념 정진해야 할 곳에서 불사 밖의 일을 논하거나 부질없는 일에 눈길을 돌려서야 쓰겠는가? 언제나 자신의 깨달은 경지를 점검하면서 서로서로 도담道談을 나누어야 한다.

말! 말은 단순한 소리가 아니다.

사람의 마음은 말을 통하여 노출된다. 마음이 산란하면 잡담을 즐기게 되고, 도심道心이 가득하면 잡담이 흘러나오지 않는다. 만약 지금의 '나'에게 머리를 맞대고 잡담을 할 여유가 있다면 다시 한번 염불을 하거나 부처님의 거룩한 가르침을 생각하라.

이것이 사찰에 머무르는 불자의 할 일이요, 나도 살리고 모든 대중도 살리는 참된 불사인 것이다.

이 두 가지 지켜야 할 일 속에 도가 들어 있음이니, 이를 한결같이 잘 지킬 수 있다면, 머지않아 큰 도력을 발현시킬 수 있게 됨을 잊지 말기 바란다.

그 밖의 예절 상식

이제까지 밝힌 것 외에도 사찰에서는 공양하는
법, 잠자는 법, 걷는 법 등 지켜야 할 생활 예절이
많다. 그중 꼭 지켜야 할 몇 가지를 열거하면 다음
과 같다.

- 도량 내에서는 뛰어다니지 않는다.
- 도량 내에서는 음주·육식·흡연을 하지 않는다.
- 도량 내에서는 신을 끌면서 다니지 않는다.
- 도량 내에 가래침을 뱉거나 휴지를 버리지 않
  는다.
- 법당 앞을 지날 때에는 합장하여 허리를 굽히
  고 지나간다.
- 법회 및 의식에 동참할 때에는 전체의 조화를
  깨지 않도록 자리를 정하되, 만약 늦게 도착한

경우에는 조용히 적당한 자리를 찾아 앉고 진
행 중인 의식에 맞추어야 한다.

물론 이때 부처님이나 법사를 향해 삼배를 드려
서도 안 되며, 남의 시선을 끄는 특별한 행동을 하
여서는 안 된다.

· 취침과 기상과 식사는 당해 사찰의 시간에 맞
  추어야 한다.
· 식사는 음식을 남기지 않을 만큼 받아야 한다.
· 조석예불은 반드시 참석해야 한다.
· 공동으로 행해야 할 일이 있을 때는 특별한 일
  이 없는 한 참여하여야 한다.
· 모든 스님들께는 합장예배를 해야 하며, 옥외
  인 경우는 반배를 한다.

불자들의 생활 예절. 이 예절은 모두 도의 힘을 기르게 하기 위한 것이다. 결코 '나'에게 맞지 않다거나 시대에 맞지 않는다고 하여 버릴 것이 아니다.

부디 이를 마음에 새기고 실천하여 부처님을 닮은 참된 불자가 되기를 축원해 마지않는다.

나무마하반야바라밀.

저자 동곡일타東谷日陀 스님

　1929년 충남 공주에서 출생하여 1942년 양산 통도사로 출가하였다. 1946년 송광사 삼일암의 수선안거修禪安居를 시작으로 일평생을 참선정진과 중생교화에만 몰두하셨다.

　해인사 주지·대한불교조계종 전계대화상·대한불교조계종 원로위원·은해사 조실 등을 역임하다가, 1999년 11월 29일 세수 71세, 법랍 58세로 열반에 드셨다.

　저서로는『범망경보살계』『법공양문』『오계이야기』『윤회와 인과응보 이야기』『생활 속의 기도법』『기도』『불자의 마음가짐과 수행법』『부드러운 말 한마디 미묘한 향이로다』『불자의 기본예절』『선수행의 길잡이』『초심(시작하는 마음)』『발심수행장(영원으로 향하는 마음)』『자경문(자기를 돌아보는 마음)』이 있다.

　공저로는『광명진언 기도법』과『병환과 기도』가 있으며, 일대기『아! 일타큰스님』도 있다.

기도 및 영가천도의 지침서

광명진언 기도법 / 일타스님·김현준   신국판 176쪽 6,000원

광명진언 기도를 널리 펴고자 일타스님과 김현준 원장이 함께 저술한 책. 광명진언 속에 새겨진 참의미와 바른 기도법, 빠른 기도성취법 등을 자상하게 설하고, 유형별 기도성취 영험담을 다양하게 수록하였으며, 누구나 보기 쉽도록 큰활자로 발간하였습니다. 광명진언을 외우면 행복과 평화, 영가천도, 소원성취를 이룰 수 있습니다.

생활 속의 기도법 / 일타스님   신국판 160쪽 5,500원

불교계 최대의 베스트셀러! 일상생활에서 누구나 처할 수 있는 여러 가지 상황에 따른 구체적인 기도방법에서부터 특별기도성취법·영가천도기도법·기도할 때 지녀야 할 마음가짐까지, 자상한 문체로 예화를 섞어 쉽고 재미있게 엮었습니다.

기도 / 일타스님   신국판 240쪽 8,000원

총 6장 52편의 다양한 기도 영험담으로 엮어진 이 책을 읽다보면 기도를 통해 틀림없이 부처님의 가피를 입을 수 있음을 확신할 수 있게 되고, 올바른 기도법과 함께 기도성취의 지름길을 알 수 있게 됩니다.

기도성취 백팔문답 / 김현준   신국판 240쪽 8,000원

기도에 대한 정의·기도와 믿음·업장소멸의 방법·꾸준한 기도의 효험·원을 세우는 법·축원법·각종 기도가피와 기도성취의 시기·성취를 위한 하심법下心法 등 기도에 관한 궁금증들을 문답형식으로 자상하게 풀이하였습니다.

참회와 사랑의 기도법 / 김현준   신국판 192쪽 6,500원

총 84가지 문답을 통하여 참회의 정의에서부터 참회기도를 해야하는 까닭, 절을 통한 참회법·염불참회법·주력참회법·가족을 향한 참회, 기도 축원의 구체적인 내용 및 자비의 기도가 갖는 효과, '백중과 영가천도' 등에 대해 아주 상세하게 설명하고 있습니다.

불교의 자녀사랑 기도법 / 김현준   신국판 160쪽 5,500원

자녀들을 정말 잘 사랑할 수 있는 방법을 부처님의 가르침에 의지하여 쓴 책입니다. 자녀 교육 방법, 자녀를 위한 기도법과 함께 부모님께 효도해야 하는 까닭도 수록하였습니다.

참회·참회기도법 / 김현준   신국판 160쪽 5,500원

참회의 참된 의미, 절·염불을 통한 참회법, 참회인의 마음가짐, 이참법 등을 영험담들과 함께 감동 깊게 엮은 책으로, 참회를 통해 행복하고 자유로운 삶을 사는 방법을 열어주고 있습니다.

신묘장구대다라니 기도법 / 우룡스님·김현준   신국판 208쪽 7,000원
신묘장구대다라니를 외우면 생겨나는 가피와 공덕, 기도의 방법과 주의할 점, 우룡스님이 들려주는 14편의 영험담, 대다라니의 근본경전인 『무애대비심다라니경』을 수록하고 있는 이 책을 읽고 자신있게 기도하면 심중 소원의 성취와 기적같은 체험도 할 수 있습니다.

기도 이야기 / 우룡스님   신국판 204쪽 7,000원
"스님, 기도로 소원을 성취할 수 있습니까?" 총 6장 45편의, 참으로 재미있는 기도성취 영험담이 수록된 이 책을 읽고 기도를 하면, 불보살님과 통하는 감응의 길이 열리면서 심중소원을 빨리 성취하게 됩니다. 또한 이야기 끝에 붙인 큰스님의 해설은 기도의 방법을 쉽게 터득할 수 있도록 이끌어줍니다.

영가천도 / 우룡스님   신국판 160쪽 5,500원
영가의 장애를 느끼십니까? 돌아가신 영가를 영가를 제대로 천도해 드리지 못했습니까? 영가천도의 필요성과 기본자세, 염불·독경·사경을 통한 영가천도, 49재, 낙태아 천도 등 영가천도에 관한 궁금증 및 천도의 방법을 우룡스님의 자세한 법문으로 풀어드립니다.

관음신앙·관음기도법 / 김현준   신국판 240쪽 8,000원
관음신앙의 뿌리에서부터 관세음보살의 구원능력, 주요경전속의 관음관, 11면관음·천수관음·32응신·33관음 등 자비관음의 여러가지 모습, 일심칭명 일념염불의 관음기도법, 독경사경 기도법, 다라니 염송 기도법 등을 자세하고도 알기 쉽게 풀이하였습니다.

미타신앙·미타기도법 / 김현준   신국판 160쪽 5,500원
아미타불의 참 모습에서부터 극락에서 누리는 행복, 칭명염불·오회염불·관상염불·천도염불 등의 각종 염불수행법과 함께 임종하는 이를 위한 의식과 49재 기간의 행법 등을 자세히 밝히고 있습니다. 불교신앙의 결정판으로, 꼭 1독해야 할 책입니다.

지장신앙·지장기도법 / 김현준   신국판 192쪽 6,500원
지장신앙 속에는 영가천도뿐만이 아니라 현세에서의 행복과 깨달음, 성불의 비결까지 간직되어 있습니다. 이에 준하여 대원본존 지장보살의 중생을 구제, 영가천도기도법, 자녀를 위한 기도, 평온한 삶을 위한 기도, 소원 성취와 고난 극복을 위한 기도 등을 자세히 설명하고 있습니다.

법보시를 원하시는 분은 출판사로 연락 주십시오. 할인혜택을 드립니다.
전화 02-587-6612, 582-6612 팩스 02-586-9078

삶의 향기를 더해주는 일타큰스님의 법문집

✿

윤회와 인과응보 이야기　　　　　　　　신국판 240쪽 8,000원
"죽음 뒤의 세상과 윤회, 내가 지은 업은 어떻게 전개될 것인가?" 이러한 의문의 해답을 일러주고자 총 49가지 이야기로 엮은 이 책을 읽다 보면 윤회와 인과응보에 대한 해답을 명확하게 얻을 수 있게 됩니다.

불자의 마음가짐과 수행법　　　　　　　신국판 192쪽 6,500원
불자들이 큰 행복과 대자유를 얻기 위해서는 어떠한 마음가짐으로 살아야 하며, 참선·염불·간경·주력의 불교 4대 수행법을 어떻게 닦아야 하는가를 갖가지 비유를 들어 상세히 설하고 있습니다.

부드러운 말 한마디 미묘한 향이로다　　신국판 240쪽 8,000원
일타스님 대표 법문집. 삶의 이유, 복된 삶 이루는 방법, 보시와 지계, 도 닦는 법, 지혜성취법 등의 맑고 주옥같은 법문으로 행복의 세계로 향하는 문을 열어주고 있습니다.

초심-시작하는 마음　　　　　　　　　　신국판 272쪽 9,000원
보조국사의 『계초심학인문』을 알기 쉽게 풀이한 책. 불교를 믿는 초심자들이 가장 먼저 읽었던 계초심학인문을 풀이한 이 책을 읽게 되면 진리를 향한 첫걸음을 쉽게 옮길 수 있습니다.

발심수행장-영원으로 향하는 마음　　　신국판 240쪽 8,000원
원효대사의 발심수행장을 풀이한 이 책을 읽다 보면 지금 여기에서 영원과 행복의 문을 여는 비결, 나와 남을 함께 살리는 길, 깊은 신심을 이루고 참된 발심을 하는 방법을 터득할 수 있습니다.

자경문-자기를 돌아보는 마음　　　　　신국판 280쪽 9,000원
야운스님의 자경문을 풀이한 책으로, 인간이 윤회하는 까닭, 참된 나를 찾는 묘법, 해탈을 이루는 비결, 공부할 때의 마음가짐과 하심법, 자비평등심, 깨침의 원리 등을 상세히 밝혀 놓았습니다.

불자의 기본 예절　　　　　　　　　　　신국판 160쪽 5,500원
불교 예절의 근본이 되는 마음가짐과 말씨, 걸음걸이와 앉음새, 합장법, 절하는 법, 법당에서의 예절, 법문 듣는 법 등 절집안의 생활 예절을 보다 쉽게 접할 수 있도록 많은 이야기를 곁들여 재미있게 엮었습니다.

오계이야기　　　　　　　　　　　　　　신국판 160쪽 5,500원
살생·투도·사음·망어·음주의 5계에 대한 법문집. 재미있는 일화를 들어 각 계율의 연원과 지키는 방법, 계율을 범했을 때의 과보 등을 자세히 설했습니다. 복된 불자의 길로 나아가게 하는 불자의 필독서입니다.

범망경 보살계　　　　　　　　　　　　신국판 508쪽 17,000원
일타스님 일평생의 역작. 십중대계와 48경계를 명쾌하고 간절하게 풀이한 이 책을 읽다 보면 어둔 밤에 밝은 등불을 만난 것과 같은 환희심과 함께 참된 불자의 길을 알 수 있게 됩니다.